如何养育
健康家庭

如何养育
健康家庭

马 克 斯　　特 兰

CITIOFBOOKS, INC.
3736 Eubank NE Suite A1
Albuquerque, NM 87111-3579
www.citiofbooks.com
Hotline: 1 (877) 389-2759
Fax: 1 (505) 930-7244

Ordering Information:

Quantity sales. Special discounts are available on quantity purchases by corporations, associations, and others. For details, contact the publisher at the address above.

Printed in the United States of America.

ISBN-13:   Softcover   978-1-963209-36-5
                eBook   978-1-963209-37-2

内 容

感谢神让这一切成为可能，感谢我的父母、我的妻子
和我的五个孩子。

序 言

　　本书的构思和灵感源于我的梦想，以及对帮助想要在这个世界建立健康家庭的人们的热切兴趣。这是神的特别呼召，是我自小的生活经历；是我和妻子、孩子的第一手见证；是任何人都能得到的最大的祝福。

　　我整理了最重要的几点，从求爱开始，这些都是拥有持久婚姻、养育健康子女的要素，以便让任何想长相厮守的情侣都能毫无问题地实现这一目标，从而继续在全世界浇灌这颗美丽的爱之种子。

　　本书也适合想要自我提升，为生活取得更好成果的成熟家庭。如果本书建议对我有用，我确定，并确信当你读完后，你将获得你一直梦想的家庭。

第一章

如何在这个世界建立健康家庭的秘诀取决于几个因素，　其中之一就是不断的祈祷。当我们祷告时，我们就在与神交谈。但这种对话必须是双向的。我们祈求祂，期待祂的回　应。《马太福音》　第7　章　7-8　节讲道："你们祈求，就给你们；寻找，就寻见；叩门，就给你们开门。因为凡祈求的，　就得着；寻找的，就寻见；叩门的，就给他开门。"

如果你不相信神，你可能会相信宇宙，但宇宙最终是　神，是世界的中心，我们向他交出我们内心深处的意图，让它们成为现实。

当你为了获得肯定答案而祈求时，你的意图就会以语言的形式传达给聆听我们的全能者。我们相信什么，或者热切地期望什么，我们就会成为什么。那么为什么不从祈祷开始呢？

如果我们像我一样逐字阅读《圣经》，我们会看到其广泛形式的文本，尤其是在指定主题或神之命令中。这意味着不受限制地遵循，尝试以最好的方式理解它们：当我们祈求时，它就会给我们。但如果你不祈求，如果你不将意图交给主，如果你不寻求，如果你不敲门，你绝对不会得到任何东西。也就是说，你的愿望不会成为现实。另一方面，不断地放下自我并向神祈求，那么你就能实现你的愿望。你可以拥有一个像我这样的，或像其他已实现这一目标的人一样的家庭。

开启一个与养育家庭同样重要的项目，无论是男人还是女人，你必须首先向神祈求、恳求和祈祷，以便祂派给你合适的人作为伴侣。祂的伟大力量和怜悯将帮助你明智而正确地选择与正确的人一起，以健康的方式开始。

世界充满诸多不同选择，因此许多人一直徘徊在寻找合适人选的阶段，而不懂得没有祈祷，总会有让你决定放弃的问题。选择一个与你价值观或行为方式不同的人并不容易。只有神知道人的内心。这就是祈祷的重要性，以免日后陷入情感空虚，让自己痛苦不堪。

如果你有注意，所有生物都必须繁衍。与我们自己的物种一起繁衍是我们的天性。例如，观察各类动物，它们会本能地寻求在家族中留下遗产或印记。他们知道自己必须这么做。

鸟儿会这么做。野生动物也会这么做。好吧，整个宇宙充满了试图繁衍的生物。作为人类，我们有五种感官，我们有幸能够说话、能够选择、能够祈求，那么我们就应该去祈求。神也是这么说的。

圣经里有一段话说，如果我们没有得到，那是因为我们没有祈求。你必须祈求。有机会我们应该去祈求。我们已经到了祈求的门前。如果我们以此祈求敲门，我们很可能会成功。

我们必须带着这样的信心和动力去祈求。例如，我和我的妻子，在我们结婚并开始我们的新生活之前，我们向神祈祷；我们为这个意图而努力祈祷——首先，我们需要知道我们是否适合彼此、是否能成为合适彼此的情侣。我们知道婚姻是一辈子的。我记得主礼牧师说道："白头偕老，至死不渝。"

至死不渝地在一起才是一生的承诺，且并非能轻易作 出。这就是为什么现今许多家庭不健全，孩子出现犯罪行 为，内心受伤，因为他们的父母从来没有认真对待他们在圣坛上做出的承诺。

我和我的妻子经常祈祷，与神和谐相处，然后一切就自然而然地开始了。自此，我们的承诺就成为了一辈子的承 诺。

圣经里有一句话说：人离开父母，与妻子结合，二人成为一体。当一对夫妇走到一起时，这是一种巨大的祝福，因为他们成为一个人，一个肉体。为了完成任务，并有机会将他们的生活结合在一起繁衍家庭，直至死亡。祈祷可以给你被神听到的机会。

有位名叫约拿的先知，神赋予他一个使命，去尼尼微向人们传道，但他并不想完成这项交给他的任务；然而，神让他以一种他可能没有想到的方式去完成这个任务。他上了一艘船，但他并没有去执行任务的地方，而是去了另一个地　方。故事说，路上船只遇上了一场巨大的风暴，所有人都开始祈祷。但约拿却在一旁睡着了，人们将他叫醒，并告诉他一切频临崩溃。但约拿知道答案，知道自己必须怎么做，知道这么做即是他的惩罚。

他们把约拿推到水里，瞬间一条大鱼把他吞了下去。约拿在鱼腹中度过了三天三夜，他在鱼腹中开始祷告。

"我在痛苦中求告耶和华，他就垂听我。我大声喊叫，　你听到了我，你在深处、在大海中央听到了我，水流包围了我，所有的波浪都从我身上掠过。所以我说，我在你眼前被抛弃，更要见你的圣殿。海水包围了我；就连灵魂也包围了我。深渊和海藻在我的脑海中纠缠在一起。我永远捍卫着我上方山脉的根基。但你却从坟墓里夺走了我的生命。噢，主啊，我的神！当我的灵魂昏厥时，我想起了耶和华，我的祷告就在你的圣殿里临到你面前。我将用赞美的声音向你献祭。我会兑现我所承诺的。救恩来自耶和华。"

耶和华听见这个人的祷告，就吩咐鱼把他吐出来。祂垂听有需要的人的祈祷，从未停止。他听到了你的声音。现在就开始吧！

我和妻子就是这么做的。我们分别祈祷，询问我们结婚是否是他的意愿。然而，事实确实如此。我们结婚并育有五个孩子。二十九年后，我们开始撰写本书。

二十九年后，这本书来到了你的手中，因为那一刻我完全相信神赋予我们的策略，让我们不顾一切地繁衍我们的家庭。它们不再只是理论；且已成为现实，而本书就是我们的实践和见证。

祈祷是创建健康家庭的主要因素，只要你祈祷，神也会赋予你创获得健康家庭的机会，当然，首先要了解谁是最合适的伴侣。

在组建家庭之前，我们必须考虑一些非常重要的事情，即照顾好自己的健康才能有更健康的孩子。

许多母亲认为吸烟、吸毒会导致他们的孩子患有本可以预防的严重健康问题和综合症。但在此，我们不仅要谈论女性，还要谈论男性。父母身上携带很多可以直接遗传给孩子的优劣之处。

我母亲一生患有高胆固醇。医生确诊她的身体会天然生成胆固醇。在我的孩子布兰卡和尼希米、耶路撒冷、创世纪以及年纪最小的约纳坦出生之后，我做了体检，并发现我的血液中出现了胆固醇。这意味着我从母亲那里遗传了这种病症。

这意味着，通过关注孩子出生时我们已经患有的疾病，我们可以预知孩子的未来，并在早期进行干预。相反，注重自身健康是养育健康孩子的一部分。因此，你必须照顾好自己。

让孩子健康出生应该是我们的目标。为此，你必须向神祈祷。《圣经》中谈到一位名叫汉娜的女子，人们常因为她不能生育而取笑她。汉娜热切地祈祷并请求神赐予她一个孩子，最终，神如其所愿。她的儿子塞缪尔长大后成为祭司、先知，成为她最大的福气。

我听人说，你不可能再有健康的孩子了，或者孩子生性叛逆，或者不听父母的话。事实并非如此。这不是时代的问题，也不能怪别人。你可以做得很好，因为它是从一开始就把事情做好，就是谦卑的虔诚祈祷。请敞开心扉，聆听神的声音。

我就是活生生的证实。我的孩子们服从我和妻子。我们注重通过策略为他们制定必要的纪律，而我也将在另一章中详细介绍这些策略。

很多人说世代变了，但事实并非如此。目前的情况是，父母们说他们太忙了，没有时间抚养孩子。出于这个原因，他们转向对他们一生的发展都无利可图的公司。你必须专注于来自神的帮助，并相信祂赋予你的能力，让你能够面对日常生活，为你的孩子腾出时间，因此，你将拥有一个非常健康的家庭。

我们必须明确一点，男人是家庭的养家者，女人是家庭的保护者。每个人都有自己的角色，是神分配给我们的角色。当我和妻子结婚时，她有工作；但我们同意，在怀孕后，等我们的儿子或女儿出生时，她就必须辞掉工作，全身心投入到照顾孩子中，全心全意地养育家庭。我的工资每周只有 150 美元。我的妻子想知道这是否足以养家糊口；但我告诉她不要担心，神会为我们提供的。由此，我们达成一致赞成。没有发生一场谁会赢的自我战争，也没有因为这个决定而进行激烈的讨论，我们都同意了。接下来的二十年里，我们一直改变，妻子仍是家庭主妇，全身心地照顾我们的五个孩子。

她关心并保护我们的家人，教育子女。我工作、养家；她保护我们的孩子。我们的孩子一直与家人在一起，从未去过日托。在某些情况下，我的姐妹也会帮我们照顾孩子，但不是在纪律教育方面，只是在特定时间为我们搭把手。

我们从来不缺乏食物或生活必需品；我们的需求总是能得到满足。神造我们如田野的飞鸟；祂给了我们所需的一切。在家里，我的妻子不必工作，因为我们的祈祷已经得到回应。

除了我之前所说的之外，重要的一步是我们还通过家庭学校计划在家教育我们的孩子。我们这样做是为了根据我们的原则保护和教育他们；这样做是我们的孩子取得了优异的成绩，顺利毕业。

是不是很棒？这是因为你不仅保护了他们，而且还教育了他们，花时间和他们在一起，教导他们真正的价值观。我的父亲和母亲——愿神保佑他们神圣荣耀——尽管他们不能流利地读写，但他们对许多事情都具有全球视野，特别是在我们的保护和教育方面。人们常因父亲对我们的严格而取笑我，父亲对我们保护过度，他保护我们，他不让我们出去。然而，这产生了积极的影响。

也许你会让你的孩子和任何人一起出去玩，你不会盘查他们有什么样的朋友，也不知道这些朋友住在哪里；但迟早，他们会给你带来问题，会让你哭泣，给你带来压力，带来你不想患上的疾病。我们必须知道我们的孩子在哪里、和谁在一起、他们的朋友是谁、住在附近的人以及他们经常一起出去玩的人。另一方面，孩子在未成年前不应独处。有人可能会利用他的单纯之心。

这是祈祷开始的第一问题，询问你的孩子是否身体健康。如果他们健康成长，感谢神帝，因为现今有许多儿童患有自闭症、畸形等。

我自问一个问题：这个女人适合成为我的伴侣吗？就她而言，她也是这样祈祷的。她正在询问我们是否适合踏入婚姻殿堂的征兆。不知何故，我们得到了确认；她不知道我在祈祷，我也不知道她在祈祷。后来我们结婚了，已共同走过了二十九年，这是来自神的旨意。这就是为什么我可以坦率地告诉你们，祷告有效，真的有效，并且与神有很大关系。感谢神，我们的五个孩子都健康地出生了。

神认为我是一个勇敢的人。祂看到我和妻子有生育孩子的勇气和能力，并像箭一样强而有劲地将他们带入世界。你必须知道如何影响你的孩子。这取决于你、家庭以及父母，而不是邻居、政府或学校。这就是你的角色。但如果你不这样认为，你就不可能在这个世界中拥有一个健康的家庭。如果社会、国家、邻里间充满健康的家庭，则监狱将被迫关闭。

本书中一个章节专门讲述这一点：为你带来这个好消息。神给了你拥有这本书的机会，一本你触手可及的珍贵手册。它不值几千美元，但包含的信息将对你有很大帮助。它会为你提供帮助，如同一间大学——一所教授你如何成为好父亲、好母亲的大学。他们不可能背离你。即使有，也是因为你在他们零岁到十二岁期间没有给他们立下的适当纪律。诗篇一百二十七篇说，儿女是耶和华所赐的产业。

理想情况下，父母双方不必同时工作，因为养育、培训、价值观和监督永远不会相同。母亲必须呆在家里，尤其是在她最容易受到影响的生命第一阶段。你们俩都必须工作，多么可悲啊。我并不是说这是错误的，但你会受苦。也许他们什么都不缺，因为幸福是最珍贵的。你们两个都工作，你们都非常疲惫，家的和谐也可能会因此而消失。你可能会把孩子放在托儿所，或者托亲戚照顾，但仅在食物方面，这几方的做法就会完全不同——比如孩子想吃什么他们就会给孩子吃什么，但妈妈知道孩子什么时候需要吃什么。

在婴儿出生后的最初几年中，喂养非常重要，以至于作为成年人，我们可能会拖延并引发严重的问题。我的父亲就是一个例子，他死于肝硬化，而不是酒精。医生透露，这是因为他从零岁到五岁都没有养成良好的饮食习惯。从零岁到五岁，这期间摄入的食物种类至关重要。不仅是身体保健，还有心理保健。专家说，这个年龄段的孩子就像海绵一样。

《圣经》中有一本书叫《箴言》。我向任何想要更多了解如何拥有健康家庭的人推荐这本书。你的宗教信仰并不重要。我的曾祖父没有宗教信仰，但他有《圣经》，而我父亲从小就喜欢听这些读物。同样的事情一点一点地传递给我们，直到今天，读这本书让我受益匪浅。

这么说吧，作为父亲或母亲，你手中有弓；　他们，你的孩子，就是箭。神给你留下了一笔遗产，你必须照顾好。保护，以免被偷走。看看当下有多少白人经销商就知道了。许多年轻人沦为帮派和毒品的奴隶。你与丈夫或妻子应一起承担责任。神给了你一把弓。如果我们没有弓，祂就不会赐予我们子女。我的意思是，如果你没有做好准备，你就无法抚养你们的孩子。

想象一下，当一个男孩或女孩以你将他们带到这个世界上而感到自豪时，你会有多么自豪。看到孩子在社会中健康成长，知道孩子是你们人生的一个部分，看着儿子成为国家总统、州长、运动员、医生、歌手。就这样想象一下你们的孩子们。

相反，若孩子成为吸毒者、黑帮成员或选择卖淫，其父亲并不光彩，反而令人沮丧。所以我们必须从一开始就以祷告为基础做好工作，然后才能获得成功的果实。

第二章

服从

我们将从《哥林多后书》10:6 中的一节经文开始。本章是关于我们的，就是说如果我们想要孩子听话，我们自己就必须要服从自己，要以身作则。如果我们不听话，如何还能要求孩子听话呢？ 如果你想要求我们的孩子服从，你就不能这样做。

"服从"涉及日常生活中的诸多事情，是孩子在你不注意的情况下模仿的事情。例如，我看到有些母亲会在没有付钱的情况下给孩子喂店里的水果，例如葡萄，她会一粒一粒地喂给他。然后，在付钱时也不会提醒收款人员她的儿子已经吃了一串葡萄。或许，她完全忘记了，但两三岁的孩子正在学习她的不良行为。他还不明白如果母亲反其道而行之， 这应该怎么做？

从零岁到十二岁，你的孩子会按照你所说的去做。根据研究，这个年龄段的孩子更愿意向父母学习。

孩子的性格70%来自父母，30%来自父母的建议，而你 做事的行为会给他们带来更大的影响。如果孩子看到父母实施暴力，则会认为这是正确的做法。

不管你跟他们说了什么，说了多少，"看，我这样做是不对的，你不应该学"，不幸的是这一举动已经留在了他们的潜意识中。

你必须教孩子如何展现自己。记得在上一章里，我说过你是拿弓的人，你的儿子是箭，他的未来是对你，作为父亲或母亲的反应。70%是事实、你的行为和生活方式，30% 是你告诉他们的事情。随着时间的推移，你会教导孩子服从。

如果孩子看到你不尊重交通标志、法律、不遵守社区或社会的规则，他们一生都不会学会顺服。因此，作为成年 人，许多父母都会意识到自己在抚养孩子时所犯的错误，并请求原谅。

我们是人；我们都会犯错误。然而，当我们分清轻重缓急时，错误就会最小化。考虑组建家庭的优先事项。你会更好地服从朋友吗？你是否打算抛弃你的孩子去参加聚会？即使你有时间，你也会把孩子送到日托或让亲戚照顾？

你会有享受乐趣的时间和其他方式。你可以和孩子一起去公园、海滩、度假，你们总会有享乐的时间，有时间笑， 有时间哭，有时间接受教育，有时间玩耍，有时间去海滩， 有时间做所有事情。教育孩子的最佳时期不是青少年时期，而是更年幼的时候，孩子如同海绵，你可以塑造他们的性格。在《圣经》的《申命记》第 6 章 7节中有这样一段话："你要把这些话不断地教训你的儿女，无论你坐在家里，或行在路上，或躺下，或起来的时候，都要谈论。"

如果你拒绝，如果你不遵守这些规则，你就不会有心理健康的孩子，不会有能够正确教导自己孩子的子女。

什么是正确的方法？好吧，想想你希望你的孩子将来成为什么样的人。你希望他们成为殖民地中最叛逆的还是最聪明的人？或是警察、消防员、护士？你希望孩子成为什么样的人取决于你。

他们最终会明白他们在地球上的目的，他们会很乐意这样做，而这样做也是为了荣耀你。你必须专注于你希望他们成为什么样的人，并沿着这条道路引导他们。

即使孩子看不到你做不应该做的事情也没关系；社会看着你，迟早他们会发现他们的父母是什么样的。如果你的孩子通过第三方发现你做了你禁止他们做的可怕事情，那后果将是更可怕的。

他们将来也会和他们的伴侣一起这样做，所以不要说"他们没有看到我"或"我不在乎他们是否看到我"。这对你来说应该很重要，因为以后你会想要并渴望他们尊重你。例如，让孩子将捡到的钱包归还给失主。正如日本人所说："如果不是我的，那一定是别人的。"

如果你闯红灯或者酒驾，只是因为显然没有人发现，而且孩子坐在后面，那么你稍后就会发现你的孩子效仿了这些行为，成为酗酒者或反社会人士，你可能就不会为自己的行为而感到自豪了。这一切都与服从有关。

久而久之，就会形成另一种态度。他们将学会守时，准时到达约会地点，而不是迟到十五分钟。他们将从小就会养成准时的习惯。如果我们开始改变并以不同的方式做事，我们一定会成功，一定会与众不同。如果我们从自己的家开始，我们就可以说我们走的路是正确的。

如果摄像头拍下你闯红灯的行为，你就违反了交通灯法，需要支付75 至 150 美元的罚款，接受恶果，不服从的代价！你能想象如果你杀害了无辜的人或自杀，你会带来多大的麻烦吗？这就是为什么法律可以约束你，防止你做错事。开车超速也是一样的。

同样，也有以诫命形式存在的精神法则：你不说谎，你不偷窃，你不贪婪。如果我们已经服从这些法则，那么我们就会在服从时感受到一种快乐。我们服从，是因为这是发自内心的，也是因为我们不想承担后果。当我们诚心服从时，我们就会遵守这节经文：当你完美服从时，准备好惩罚不服从的人，进而就不会有不服从的孩子。所有的父母都喜欢听话的孩子，但这需要纪律，需要付出努力。

神将孩子送到祂知道有抚养能力的人。我们是扭曲他赋予我们使命的人，没有花时间照顾他们，为他们雇佣不同的保姆，不以正确的方式监督他们，并希望他们以后成为社会的完美人士。事情并非如此。你必须明白，当你把孩子带到这个世界时，你就负有重大的责任。神没有错，祂昨天、今天、一直到永远都是正确的。

目前，我们拥有一个功能强大的工具，你可以利用它来发挥自己的优势，而不是与之相悖。这个工具就是技术，它已经发展并取得了巨大的进步。我们必须与我们的孩子一起积极利用这个工具。例如，如果你出去散步，与其带来没有任何贡献的吵闹音乐，不如放一些教育音频、播客、家庭YouTube 节目或增值内容。消除反价值电视节目非常重要。电视会播放许多不适合儿童的动画片和成人节目，但许多家长并不会关注电视播放的节目内容。技术既是积极的，也是消极的，这取决于你的运用方法。

腾出更多时间陪伴孩子，陪他们去公园，参与各种活 动。你还可以带他们去不同的地方，学习你希望他们以你想要的方式展示的东西。

许多父母告诉孩子，当他们感到疲倦和无聊时，不要过来烦他们，让孩子去朋友家，或者给孩子买电子游戏、平板电脑和科技产品，以分散孩子的注意力。从这个意义上说， 技术被消极地用来分散孩子的注意力，而不是用以学习或充分利用科技的优势。

神赐予正确做事的智慧，帮助你教育孩子。我们的生命只有一次，而你却给了我们机会，并为我们打开了可能走向毁灭的大门。

你不断重复这样做，犯了一个又一个错误，而唯一收获的却是毁灭。然而，今天你就可以起床开始新的生活了。当你读这本书是有原因的，是时候分析一下你和孩子的相处方向了，是时候做出改变了。

2015 年，我开始阅读拿破仑·希尔的书籍、凯文·特鲁多的音频、安东尼·罗宾斯、吉姆·罗恩的演讲以及知道我已将其知识付诸实践的人的演讲。他们是作家、演说家、变革推动者。如果我们希望生活得到改善和改变，我们就必须寻找这一点。

你会看到你的孩子为你而骄傲，这会让你感到高兴；我保证你会得到幸福。你会平静地死去，因为我们都有一天会死去，但会因完成了一项出色的工作而心满意足，就像使徒们一样。使徒保罗说："我的路程已经跑尽了； 我一直保持着信念。我已经做了我该做的事；因此，一顶王冠正在等待着我，公正的法官将把它赐给我，不仅赐给我，而且赐给所有希望和热爱他到来的人，这是属于信徒的。"

　　做好自己该做的事，才能拥有一个健康的家庭。你已经决定将孩子带到这个世界；孩子没有要求你这样做。因此， 我们必须牢记这一点，以便继续走正路，而不是弯路。不要因为没有做你必须做的事情而感到遗憾。

第三章

权威

神任命男人为一家之主，为家庭的祭司。我们受到自然法则和精神法则的支配，所以如果我们想要一个健康、和谐的家庭，一个并非完美，但可彼此相处融洽，真正享受生活的家庭。

如果我们想要一个健康的家庭，就必须遵守权威法则。这样我们才会拥有一个像我在本书中所描述的家庭。这种爱就像是一个规范汇编，总结了拥有健康家庭的必做与不做的事情。

我的父亲是一个文盲，但也是一个十分有权威的人，是我母亲及其兄弟们都尊敬的人，甚至还帮助他们解决家庭事务。我父亲曾为耶稣叔叔和胡安妮塔姑姑的孩子们提供建议。

谈论权威时，我们并不是在谈论独裁或侵略。权威是通过服从在我们之上的权威来体现的，而在我们之上的权威就是神。

耶稣基督是男人的头，男人是女人的头，这并不意味着女人就低微。《以弗所书》第五章第二十二至二十九节说，丈夫当照样爱妻子，如同爱自己的身子，因为没有人会虐待自己的身体。这就是我们迄今为止能在孩子培养上取得成功的原因。

我父亲对家人的权威使他积极帮助别人。就我而言，我看到父亲以正确的方式使用他的权威，而不是像许多滥用权力的人那样专制。警察案例就足以证明。

这条法律告诉我们，我们不应该滥用这个权力，不是因为神指定我作为我妻子的头，我就必须独裁。相反，她是家庭的帮助者和完美的平衡者。事实上，从我们关系一开始就是如此。我们的孩子从未目睹过家里发生任何形式的暴力，无论是我对她还是她对我。相反，他们看到的是尊重，而不是自我或权力的斗争，他们在没有暴力的情况下被抚养长大并继续处于权威之下。如果妻子不尊重权威，孩子们就会看到这种态度，并像种子一样成长。这些不良习惯迟早会转移到他们身上。如果他们看到父母有这种态度，他们就不会互相尊重。当母亲不尊重丈夫的地位时，所法律规则就会变得混乱。

我在上一章中告诉过你，如果我们不遵守交通信号灯，我们将承担后果，可能会导致某人死亡。同样，如果父母双方的权威和角色在家庭中得不到尊重，就会混乱重现。

我建议观看华金·帕尔达韦拍摄的一部墨西哥电影《佩雷斯家族》，而我也会在本章中进行总结。当角色不被尊重时，就会产生严重后果。当女性取代丈夫成为一家之主时，事情就不那么顺利了。我对女性没有任何偏见。但如果我们想要有一个健康的家庭，女人就必须表现出顺服。此处并不是指她要顺从，两者是不同的。在我们结婚的这些年里，还没有达到那种程度，因为这并不是真正必要的，这就是言语和对话的目的。这是不健康的。世界上有许多受虐待的妇女。在我们居住的国家，许多妇女因丈夫虐待而不得不逃离自己的家。事实上，为了显示权威，我不必打人、提高嗓门、虐待或暴力。这也是权威和家庭暴力之间的区别。简单地说，就是当孩子有错误行为时就应对孩子制定特定的规则和惩罚。

管理一个家庭并不易，每天都需要学习，就好像在学校通过各课考试一样。你通过做人父母，学会为人父母。在学习之前，你必须应用我之前提到的指示。首先你要祈求神赐予神圣的智慧，然后一步一步地遵循。

如何管理或引导一个家庭？如何关注一个家庭呢？

你必须服从并遵守神圣的法则，如果你真的想拥有一个健康的家庭，这从一开始就起作用。例如，我的父亲没有榜样，他五岁就成了孤儿。然而，他找到了一种学习的方法，以在不超越自我的情况下使用他的权威。这就是我试图在本书中向你提供的方法。我母亲支持他，承认他作为一个男人的权威，从而让我得到良好的教养。

我必须说：我有信心、有把握做到这一点。一句格言引起了我的注意："我们会成为我们所相信的和所想的。"

我们必须有一个积极的态度，你可以实现并每天坚持下去。我相信我们会看到更健康的家庭，更多的人也会因此而得到治愈。正如疾病是治愈的一样，精神和心理疾病也是可以根除和改善的。"肯定"可帮助我们治愈。如果你患有任何疾病，只要重复"我正在康复"，如果你和孩子遇到困难，重复"我们会做得很好"，就会对你产生积极的影响。即使是你　认为无法逆转的事情，也有可逆转的余地。这就是为什么这本书不仅适合想要组建家庭的人，也适合已经拥有家庭的人。一般而言，如果我们播种，我们就不会考虑播下什么样的种子。因此，我们也没有考虑我们播下了那种权威。正如《圣经》所言，没有什么是不可能的，因为对于神而言，一切皆有可能。如果我们不将一切事情信靠神，目标就永远无法实现。如果我们没有正确地重新考虑，如果我们没有正确地重新考虑或完全理解，有一种方法可以回到神身边，并知道如果我们愿意的话，一切皆有可能。

我的梦想之一是能够帮助尽可能多的人，不仅通过这本书，而且通过个性化的帮助来支持许多需要它的人，以便你和其他人都得到鼓励。这就像酗酒者、吸毒者等的协会。许多人加入是因为他们真的想改变。为此，他们首先必须接受对自身利益的需求，这样才能崛起并成功，并在世界面前向你的孩子展示这一点。这一步是必不可少的。通过这样做，通过接受你需要帮助，这将是一种祝福，心灵将会发生改变，生活和家庭也会随之发生改变。

你必须谦虚地为有需要的社会和人类服务，我相信神给了我们互相帮助的机会。

许多作家和演讲家，就像我上面提到的那些人一样，将他们一生的一部分奉献给帮助人们。然而，只有当这些人相信他们的生活和家庭能够得到显着改善时，它才能发挥作用。

我内心也强烈渴望能够通过在高处宣告这是可能的来为社会提供一点帮助和贡献。1995年，我梦见自己环游世界。环游世界需要资金和物力。在我看来，没有办法做到这一点，我无法带着你正在阅读的信息去环游世界。

到了2000年，当许多人猜测这是世界末日时，我又做了同样的梦。我想知道如果我没有所需的资源，我将如何环游世界。2016年，我偶然发现了《成功法则》这本书。读后，我清楚地意识到神正在宣告我的梦。神创造我们是为了让我们能够造福他人，让我们彼此需要。

从那时起，我开始酝酿这本书，以便今天它能到达你们的手中，并能帮助更多人。对于相信神并对神寄予希望的人来说，梦想成真。所以我相信，而且现在仍然相信。我们就像那些古树一样，相互缠绕、相互帮助。我们产生一种能量和力量。这些树能经受住龙卷风和暴风雨的袭击，因为它们的根扎得很深而且很坚固。

本书将环游世界，这是神向我展示的，这将通过平台和社交网络来做到这一点。我们还将参加研讨会和会议。本书的十章可以帮助你增强灵感和恢复能力。

我们不能失去事情能够改善和改变的希望。只要走对了路，即使有风雨，我们的根也会扎得非常牢固。如果在家庭中失去了权威，你可以与妻子重新考量并就此进行对话。许多人说他们没有耐心，这是一个非常糟糕的迹象，表示他们不想改变。

为了能够拥有我们想要的家以及必要的权威，我们已经做了必要的事情，而其秘诀始终是祈祷。

我们必须找到理想的伴侣，一个适合我们、并且能够互相理解的伴侣。你说我怎样才能找到呢？好吧，如果你是信徒，神就会向你展示一条道路，引导你找到那个人。神是如此的仁慈，他会帮助你做你必须做的事情，他会帮助你寻找并找到理想的伴侣。你们将开始幸福的生活，你们的孩子将出生，你将知道如何教育、引导他们。

种豆得豆。《圣经》说，无论你种什么因，你都会收什么果。如果我们放任世俗的欲望，那就是我们将得到的"果"。但如果我们为心灵播种，我们就会得到永生。

你能拥有美好而幸福的生活，虽然并不意味着你没有问题，但会很轻松。你只需说你想要这样的生活并相信你会拥有。这是我们所有人都可以做到的。这只是拥抱它并更接近它的问题。这是一个想要的问题。

我们想要健康的生活和家庭。我不喜欢一个患病，或者充满盗贼和猎人的家庭。然而，我们必须以我们的权威树立榜样，因为这将带领我们走向成功。如果我们失败，则不要将其当作最后的失败，而是暂时的失败，并认为这种暂时的情况不会让你倒下。你会再次站起来。今天就是你再次站起来的日子。

如果你觉得自己在家中失去了权威，你必须通过一种非暴力的方法来重新获得权威。你要明白，暴力只会带来更多的冲突和伤害，造成破坏。当前很多家庭都因此而被摧毁。权威需要通过自我训练获得。先完成训练，就能在人生中取得成功。

第四章

信仰

　　信仰是本书中最重要的主题。几乎一切都基于信仰。对宇宙中存在的所有信念的信仰的定义之一是对预期事物的确定性和对未见事物的确信。定义有很多种，但最后都意味着同一件事。在信仰这一重要成分中，我们可以说，你必须确定你对家庭的信念。如果你想拥有一个健康的家庭，这是必需的。这就是为什么我对这个问题深信不疑，这是一个必要的因素。

　　一个明显的例子是亚伯拉罕，他是神信仰的族长和领袖。神对亚伯拉罕说："把你的地留给我所要指示你的地。" 神对他的另一个应许是，他将使他成为一个像海沙一样伟大的国家，因此这个人也被称为"信仰之父"。

　　他得到了应许，他的后代将像海沙一样伟大，像天上的星星一样荣耀。他相信神的应许； 然而，如果他没有孩子， 他就无法想象自己的后代，所以他回答主说："我没有孩子。"然后主说："别担心，我会让你的妻子萨拉怀孕。萨拉不能生育，但亚伯拉罕凭着信心相信了神。他相信他的妻子将会有一个孩子，或许你会惊讶地发现神以一种神秘的方式运作，并向我们展示了我们应该如何拥有信心。

　　亚伯拉罕等了二十五年才实现这个应许。然而，亚伯拉罕并没有失去信心； 相反，当他聆听神的声音时，信心就增加了。有一部关于亚伯拉罕一生的电影，电影中讲述了亚伯拉罕的父亲告诉他："儿子，这怎么可能，就因为有一个声音对你说话，你甚至不知道他是谁，你就一直追随着那个声音。万一你不相信这是真的怎么办？"　　但亚伯拉罕信了，这就算为义了。

亚伯拉罕确信，有一天，他的孩子们将像海沙一样多。我认为我是亚伯拉罕的儿子。我们有身体、灵魂和精神；　我们不仅仅是肉体我们有良心，即精神，它会告诉我们什么时候做错了，什么时候做得好，因此在我们谈论我们的城市时我们会意识到，遵守法律，体贴他人，知道事情何时进展不顺利等等。

为了收到我们想要的东西，我们必须先祈求，相信我们会得到。《圣经》里有一段经文说，如果我们带着疑问祈　求，我们就无法得着。怀疑是信任的反面。

为了达到这个目的，我们必须带着信心祈求并去做，相信我们会得到我们所祈求的，我们就是这样做的，我们有生命的证据和见证。实现目的的方法是祈求，无论如何相信它已存在。你必须确信，即使你没有亲眼目睹它的实现，你也能感觉到、闻到它的味道。那就是信仰。

把种子撒在地里，等待它结出果实，这也是信心。我们将种子称为你播下的祈祷，并充分意识到你将收到你所祈求的东西。凭着信心，我们还必须通过相信我们会得到孩子并投关怀以建立我们健康的家庭，这样在孩子出生后就不会有任何问题。

就像《圣经》中提到的信仰英雄一样，我们询问是否已经实现，并百分百相信我们会得到我们所祈求的。当然，我们会得到，我们也会得到回报。没有什么可以阻止我们，因为我们相信这确实正在发生。

正是凭着信心，我们才能克服心中可能出现的疑虑及灰心丧气。只要相信它，你就可以克服它，做你想做的一切。

由于相信神的人，宇宙密谋给你你所想的东西。宇宙是同一位通过信仰工作的神。虽然我的父亲和母亲无宗教信　仰，但他们相信至高无上的存在，坚信自己会生出健康的孩子。感谢神赐予这八个身心健康的孩子。

祈求神赐予智慧，以便你可以指导你的孩子并教他们你学到的礼仪。使用你认为适合你孩子的方法。我们相信教导他们神的话语是正确的。尽管许多人不相信，但诸多激励者和领导者从《圣经》中获得了丰富的知识和智慧话语。如果没有《圣经》，一切都将是不可能的。我们就像森林里的小动物。

神的话语是纯粹的智慧，无论谁根据它播种，带着信心和细心，都可以确信结出的果实会带来许多祝福。

因为训练的最佳年龄段是零岁到十二岁，因此父亲在我十四岁时就带我到美国接受训练。七个月后，父亲回到了墨西哥。我留在德克萨斯州达拉斯，然后搬到佛罗里达州与我的表弟和其他亲戚住在一起。在那些地方，我有机会认识同龄朋友，做年轻人经常做的事情。但由于父母的正确道德教义对我影响深远，因此我从未招惹任何麻烦或触犯法律。

对孩子进行职业生涯指导可使其受益一生。我记得我和哥哥在小时候曾发生的一件事。那年我大约四岁；哥哥七　岁。哥哥在田里发现了一根绳子，并把它带回了家。父亲问哥哥那条绳子是从哪里来的。哥哥非常害怕地回答说是我们在外面找到的。父亲命令我们立即将绳子放回我们发现它的地方。

亲爱的读者们，我们正在向你们展示父亲如何教导我们不要偷窃，不要拿不属于我们的东西。如果你让孩子拿走不属于他的东西，你就是在告诉他这样做没有关系，他也会认为自己的做法是对的。反之，当孩子将不属于自己东西拿回家，或从商店拿走后，你要求他返还自己拿到的东西时，要注意，渐渐地，他会学会如果在社会做人，知道什么是善与恶，知道如何辨别一件事的是与非。

诚命之一："不可偷盗"，即不拿不属于自己的东西。如果我们不把所有这些步骤应用到孩子身上，并为他们树立榜样，那么我们就不会通过信仰获得任何东西。我们的社　会、家庭和世界都需要诚实、健康的孩子。

第五章

决心

有决心，就有动力。决心与信仰紧密相连。如果你是一个有决心的人，非常清楚你的决定且知道要做什么，你就会看到所有令人满意的结果。一生中，怀疑自己是否应该做某事，是否会成为一位称职的父亲或母亲，生活在永恒的怀疑之中，且没有应用本书前述的步骤。例如，当我决定与妻子结婚时，我们祈祷并拥有了一个健康的家庭。这一决心毫无疑问地发生了，并以神的名义付诸实施。我接过了掌控权，宣布了这一权利，然后事情就发生了。

不只是想想而已，这个决心必须有神的引导、信心、管教和权威伴随。一切都是结合于一体的，正如你所看到的， 所有这些步骤对你来说都是有意义的，就像它发生在我身上一样。

生活中的一切事物都有其秩序和执行方式。如果你无法像我们之前讨论的那样做到这一点，那么你也可以通过诸多帮助来执行我们建议，消除精神障碍。

神启发了我们，因为祂让我们了解了自己在地球上的意义： 帮助沮丧的父母，他们不知道该做什么，他们变得沮丧，失去了动力。

我不想仅仅因为没有及时阻止或者因为他们没有正确形成而继续面对漫无目的的一代人。每个人这一生都有一个目标；这个目标是我的，也是我妻子的。

我们可以宣布我们对自己和孩子的生活的期望。言语有力量；你怀着信心和决心所说的一切，无论好坏，都很可能会以这种方式发生。

有人说，"想要"就是力量，确实，如果你给它机会发生，思想绝对主宰一切。然而，如果你下定决心控制自己的思想，你可以取得很多成就。

如果你想在家庭中取得成功，成为一位成功的父亲，你就必须注重自己的原则。原则可以让你变得明智，让你繁衍出梦想中的家庭，对社会有益的家庭，而不是功能失调的家庭。功能失调的家庭最终只会培养出罪犯和妓女，他们没有健康的家庭，没有价值观或原则。

很多家长希望学校、保姆或者国家能够照顾孩子，为孩子制定原则，从而导致每天令人震惊的犯罪、凶杀、暴力等统计数据。反之亦然。孩子们从青春期开始虐待父母，因为他们没有遵循这些步骤，或者因为他们是由没有决心、定力及不敢于纠正的父母养育的。需要明确的是，你必须百分百执行为家庭制定的所有计划，只有这样才能与你种豆得豆，没有人能种橙子，收菠萝。

你必须祈求神给你力量和决心来对待你的孩子，这样你就知道如何在必要时做出具体的决定。我们可以直接祈求神赐给我们所需的东西，他会给我们智慧去聆听祂的声音。

世界上没有人会计划失败，大多数人都没有明确的成功及养育健康家庭的计划。在生孩子之前、怀孕之前也需要做好计划。父母必须接受健康筛查、进行血液相容性测试并完成其他前序步骤。这就是所谓的计划。

许多人会选择备孕，以避免生下的孩子出现健康问题。有些家庭明明知道双方是远亲，但还是结婚了，并生下患有严重健康问题的畸形儿童。这就是我所谓的"计划"。

你必须有勇气生孩子，对女人来说，这是一项不同的挑战，因为她要承受九个月的不适、健康问题和痛苦。但孩子给这个家带来了幸福，让每一滴泪水、每一次痛苦都万分值得。成为父亲或母亲是一种荣幸。

把孩子抱在怀里，为爸爸妈妈带来一种难以形容的喜悦。这是一种只有神才能赋予的爱之行为。想象一下，在生活中，你的梦想成真，你的怀里抱着一个健康的宝宝，你深情地看着他。生活理应如此。

当孩子在家时，你应对所有事物负责。所以你必须有一个作父亲的决心，在特定的时间做出决定，知道什么时候、如何行动。正如我们之前所说，这是通过祈祷、权威和信心实现的。一点一点地，我们正在培养孩子们观察我们行为的习惯，他们会不知不觉地衍生你的行为和言语。

如果你已经有孩子，你可以和孩子一起调整、做一些改变。如果孩子已经长大了，那就有些不容易了，但在神的面前没有难事。请求他给你智慧、领导力和决心来改变你的家庭，并成为你的向导。

正如我之前所说，在这个时代，我们有很多可以使用的工具。技术必须仅占一小部分；不能让平板电脑、电视、手机成为孩子的代理父母。真正的父母应该为孩子提供答案，让孩子感受家庭温暖。

这本书是我们近三十年的有效见证的汇编，而不是纯粹的理论和华丽的言辞。如果你遵循本书，它们就会起作用。这就像烹饪食谱，你必须严格遵循，才能做出厨师级菜肴。

人们声称我们的养育方式不起作用，而我们必须忍受人们的嘲笑。在家教育孩子并制定我们自己的规则听起来似乎很疯狂，而且可能有些过时，因为现在的孩子都有保姆和私人老师，因为据说，基于缺乏时间或其他原因，家里没有人有时间照顾孩子。无论如何，孩子都应遵守纪律。出于这个原因，多年来我们已经证明这是可以实现的。

我们见证了，只要有决心，再加上我们迄今为止讨论的所有步骤，就有可能实现这一目标。我们的目标是，当你读完本书时，如果你有任何疑问或疑虑，请随时联系我们以获得个性化帮助。

我相信你能够实现目标，拥有一个身心健康的家庭。而你的孩子能成为一个对社会有贡献的成年人吗？

你只需要抱有信心和希望，并在你无法再或当你感觉事情进展不顺利时决定寻求帮助。你意识到，当家庭和睦时，这是最好的方法，当你的孩子服从时，他们会在学校有良好的表现，即使他们有恶作剧，但在纠正后，他们的理解也会一点一点地增长，开始修正自己的思想，接受你强加给他们的规则。

当家庭和睦时，就不会有暴力、争吵和尖叫。安静时，你会更加心安，不用担心孩子会从窗户逃出去，或者校长会每天打电话给你，列举你孩子做出的所有坏事。

相信这是可能的。像亚伯拉罕一样去做。他正在等待着那个子孙将会像海沙一样多的诺言应验。如果你相信，我非常肯定你会实现自己的目标。

我记得有一天，我在车间里，正在和一个修理轮胎的人讨论这本书的内容。他告诉我，市场上有必要有这样的书，因为社会缺乏价值观和纪律。他说，在他哥哥家里，孩子们吃饭时乱七八糟，互相扔食物，甚至还会向他扔食物。他说，他的儿子有时也想效仿他的表兄弟，但他及时纠正了他，并告诉他不应该这样做，因为这样做是错误的，现在他的儿子不会再模仿他的表兄弟了。

食物是神圣的，也是滋养身体的一种手段。必须教导孩子们尊重食物是一种荣幸，因为在这个世界上，有很多像他们一样的孩子因饥饿而死。养育孩子的决心就是：为他们指明道路。

你必须教导他们贫穷和现实世界，让他们做足准备，避免孩子们相信自己应得到一切。他们必须知道，自己每天有食物饱肚是一种祝福和特权。我们工作是因为神给给了我们让食物到达餐桌的方法。

见证了这么多家长、这么多人，我们敢说现在大多数孩子都是无法控制的，而我们的工作就是从这里开始的。我们必须将规则放在适当的位置——教学、建模和应用纠正，而不是宣称相反的内容。但如果你不能遵守纪律，立即寻求帮助。我们在本书中已经说过，我们发自内心所说的一切都具有强大的力量。

我们必须想一想，那个向我提供见证的人如何在他的儿子身上展示了一个活生生的例子，并说明了一些不正确的做法。虽然哥哥让自己的孩子做他们想做的事，声称他们是孩子，应该玩耍，但弟弟对儿子的态度却不同。

不尊重长辈是父母教养不当的表现。我们看到拜访你家的孩子、你朋友或亲戚的孩子非常不守纪律，以至于最终破坏了你家中的物品。但孩子的父母不愿纠正他们的错误行　为，一是因为他们明白必须让他们自由"发展"，二是因为他们没有这样做的决心。我们可以在这段话的结尾说，父母绝对有充分的时间去了解如何不害怕孩子，如何与孩子相　处。

他们就是这样开始的。正如我们所说，他们已经放弃　了，觉得自己没有控制孩子的能力，这或许是因为他们小时候没有人控制他们，加之父母的影响，由此形成一个养育无能人的恶性循环。

基于此，我们在家庭生活中下定决心建立一个健康家庭非常重要，因为只有当我们掌控一切时，你才知道如何辨别什么是合适的，什么是不合适的。让我们继续下一章，为这个美妙的生活食谱添加更多成分。

第六章

合作

组成一个健康的家庭，显然，一男一女需走到一起。为了使家庭正常运作，双方的合作至关重要。

合作意味着帮助、贡献和携手。当婚姻中建立了彼此无私的合作时，在一起的生活就会变得更加轻松——例如，男人外出工作，女人维持家务，有孩子后，他们一起分担担照顾孩子的任务。

当孩子们年幼的时候，我记得妻子总会告诉上班时家里发生的事情，所以当其中一个孩子因为做错事而需要对其进行管教时，那就是管教的时候了。我们之间存在这种合作和团队协作。

如果男人在家除了休息之外，闲暇无事可做，那么把一切都交给母亲是不公平的，这样孩子会认为父亲不爱他们，且只把父亲视为一个没有爱的权威。给孩子换尿布，哭的时候抱抱孩子，这不仅是与妻子合作，也是与自己的后代合作。

合作意味着，如果母亲看到父亲压力很大，就不要委派具有压力的任务或让他担心。互相配合就是两人在身体上和心理上互相帮助，是一种同理心。

孩子会复制父母之间的合作。上学时，孩子会与同学合作，玩耍时会与兄弟姐妹或其他孩子合作。

父母应该根据孩子的年龄，教导孩子在家中与家人合作。例如，四岁的孩子可以完美地整理他的玩具并学会将玩具放在正确的位置。

这与纪律密切相关，因为当他们合作时，他们可以通过时间和时间表来约束自己。例如，当他们长大后，他们的合作程度应该更高，承担的责任也更大。从六岁开始，孩子可能已经能够打扫房间，不乱扔衣服了。

对孩子而言，来自父母表扬是一种积极的鼓励。当孩子完成任务，父母应表示赞赏，而不应将其视为理所当然的。同时，与母亲合作是强化孩子积极性的最佳方式。

友善和有礼貌也意味着与家人的合作。如果父母在家工作，不吵闹就是合作；若有访客等到访，孩子表现良好也是合作。父母和孩子之间必须就约束方式以及做好事（例如合作）后获得奖励的方式达成一致。目前，我们仍会看到从三岁起就一直沉迷于移动设备的孩子们。这些孩子已经成为平板电脑、电视、电脑的奴隶，自娱自乐，父母已无力管教。久而久之，这些孩子成为反社会人士，不会关心生病的父母，没有同理心，不懂得合作或承诺的重要性。许多孩子生活在困惑之中，因为父亲和母亲告诉他们不同的事情。一个不让他在桌子上画画，另一个只顾自己能安静地看新闻或读小说，将管教孩子的责任卸给祖父母，可怜的孩子不知道到底应该听谁的。在家庭合作中，所有家庭成员必须齐心协力。孩子必须明白，所有家庭成员都是团队的一份子，必须共同努力。因此，弘扬这些价值观对于发展孩子的社会合作技能至关重要。不在街上乱扔垃圾、帮助老人、向有需要的人伸出援手就是合作。在这个时代，我们培养的不再是合作的孩子，而是服从互联网命令的人类机器人。尝试将这个小工具从孩子身边拿走，看看孩子会有何反应。他们会变得歇斯底里、叛逆、心烦意乱。

当夫妻彼此相爱时，双方很容易合作和理解，不需要强迫。在婚姻中，夫妻力量就是克服生活的障碍；共同承担负担；共同承担承诺。

因此，在结婚之前，你应该知道你是否真的会和一个能够为生活而共同合作的人在一起。凡事不关心的人就是自私的人。

让孩子积极合作的方法有很多，但这样做很消耗精力。对于孩子而言，看着父母工作，也会在非活动的情况下消耗很多积累能量——比如，一个人的生日快到了，母亲打算在家里举行生日派对，那么让所有人一起合作装饰派对是一个不错的主意；而其他人则可以帮忙制作蛋糕。

全家一起阅读儿童圣经，让每个人合作阅读一两段，是让他们摆脱单调并保持注意力的健康方式。在成长中鼓励阅读可帮助孩子同时培养学习和合作技能。

这些价值观是健康家庭的基础。年长的孩子可以帮忙倒垃圾、打扫房间、照顾年幼的兄弟姐妹等。上述所有这些方式都表明，我们正在一点一点地培养孩子，将来他们会对社会、他们的伙伴、邻居和世界有很大的帮助。

考虑一下孩子能完成的任务，在孩子完成这些任务后，给予赞扬，即使他们做得不完美。最后，你会发现自己在夜晚可以安然入睡，而你的家庭也充满了完美地和谐。写下你的孩子喜欢什么，并时不时地奖励他们所拥有、践行的价值观，让他们学会无私奉献。有时，只需一句简单的"谢谢"，他们就会感到满足和认可，这也是一种奖励。

第七章
尊重

在生活的各个领域，都必须受到尊重。尊重是一种人类价值观，尊重他人，尊重他人的品质和生活方式。

如果夫妻之间没有尊重，婚姻就可能无法维持。如果妻子不尊重丈夫的决定、生活方式、品味和规则，就不可能有好的结果。如果丈夫不尊重妻子的角色、她的个性、决定和其他方面，那么这段婚姻也不会美好。为了家庭和谐，我们必须开始认为每个家庭成员都是独立的个体，都需要受到尊重。

正如圣经所说，两者必须成为一，我们才能成为一体。尊重也是善待自己。我的孩子们看到了我尊重他们的母亲、没有暴力，也看到了她对待我的方式。夫妻间不应该失去同情、细腻和权威。

许多孩子在父母不互相尊重的家庭中长大，因此也不尊重老师和长者。他们对周围发生的事情麻木不仁。这就是为什么我们在本书中多次说过，孩子就像海绵，吸收他们所看到的一切。你不必用言语告诉他们，只需用行动。这些行为会产生好的或坏的行为，就像播下的种子一样生长。

尊重不仅限于夫妻之间，也包括父母对子女的尊重。孩子虽然年纪小，但他们也是独立的个体，理应得到尊重。纠正和引导他们是一回事，侵犯他们的空间和品味则是另一回事。

如果他们没有勇气去玩，或者觉得很累，或者不想扮小丑给大人看，你就必须非常小心地尊重他们的空间和选择。

父母必须教导孩子们尊重社区、尊重老人、友善、尊重父母，并且必须学会在成年人谈话时保持安静； 换句话说， 不插话。

尊重是先播种，后培养。就像爱一样，爱会随着时间的流逝而增长。

必须避免家庭成员之间的小玩笑。不关注这一点就真的可笑了，从兄弟姐妹之间开始，然后是父母。小玩笑会伤害亲情，或许还会破坏他们之间的良好共处。如果不及时制 止，可能会伤害家人的一生。学校和社区内发生的欺凌行为均因违反规则，尤其是在没有因果意识的情况下。

父母不应该允许兄弟姐妹竞争、打架、侵犯个人空间和人身攻击。你必须学会用权威和爱及时纠正这些负面行为。

你必须根据需要多次重复这些规则，让它们记在孩子的脑海中。你不应该感到厌倦，不断向孩子灌输尊重价值观的重要性。

父母可以通过实践学习，若第一次进展不顺利，不要感到沮丧，不用担心，孩子们会逐渐学会做人，学会不取笑， 遵守规则，尊重他人。熟能生巧。没有人一出生就懂得如何为人父母。

现在我们可以说，这是值得的。它不再是一个理论，而是一个现实，我们作为父母，在生活的大学里通过测试、祈祷、阅读和执行我们作为夫妻的规范而毕业。因此，对于五个个性截然不同的孩子，我们可以说，在这二十九年中，这些价值观的应用方式取得了成功。

作为父母，你必须承担责任。你家里不受尊重不是老 师、学校、政府或邻居的错。你必须对引导家庭的道路承担起责任。首先，你要知道我在这里写的是什么意思。这些价值观中的每一个都是至关重要的。然后，应用这些价值观。很多人说，父母希望得到尊重，但他们通常不会放下第一粒沙子。丈夫有时认为他是家里的主宰者，但事实并非如此。他是一家之主，但不是老板。夫妻之间有一种孩子们从未见过的角色互动。这种关系的结果向家庭和社会传递了幸福和凝聚力的信息。当家庭出现问题时，无论你是男方还是女　方，你都必须承认并在必要时请求原谅，甚至在不尊重孩子时向孩子道歉。你必须保持谦虚，谦虚不会剥夺你的权威。相反，这表明你尊重他们的个性、特质，并且你也会犯错　误。这样做，我们家里就会和谐。每个人都能够互相尊重而不会骄傲自满。每个人都会放一粒沙，以改善家人的健康。

我们不能忘记本书的第一章，祷告。我们必须全家一起祈祷，即使孩子们还小，不知道自己在做什么。渐渐地，他们就会意识到。我告诉你，这绝对有效，因为当我们作为一个家庭祈祷时，神会以偶然的方式给我们这些工具；他给予我们谦卑与和谐，并教导我们像祂一样互相尊重、彼此相　爱。这并非幻想。如果你这样做，你就会看到果实和丰盛。

全家一起学习十诫并加以实践，在练习期间向孩子提供信息非常重要。这样，当孩子不尊重长辈，当孩子对虐待动物麻木不仁，当孩子打兄弟姐妹、同学和成年人，当孩子不尊重伴侣时，你就不必在一点点地纠正他们了。如果你这样做，你就能安心，因为你会得到丰盛的果实，你会喜欢看到你的孩子成为善良的人。

尊重是通过你的生活和互动方式赢得的。在工作中，我们尊重主管、老板、公司的权威，他们就会自动对你做同样的事情，会尊重并重视你这名员工。很多人没有意识到，不遵守公司规定的日程安排，因为，显然，他们没有看到你，　这是一种反价值。不尊重工作和任务。

对于每一个不尊重的行为，我们都会看到它对我们的生活和我们自己的影响。可怕的是，他们后来把你当作动物对待，只是因为你不知道如何遵守规则，因为你不尊重工作场所、超市的规则，你不尊重同事等等。这些是反价值观，即使你不用语言说出来，你的孩子也会一点一点地模仿。

有一个不尊重工作时间，和朋友一起喝酒，醉酒回家，　不尊重自己妻子的父亲，或者有一个不尊重邻居、随地乱扔垃圾、不尊重商店收银员、大声辱骂、不尊重自己身体的母亲——孩子们不必知道如何说话就能模仿这些不尊重的行为。

尊重不仅仅是理论，你必须实践、示范、实现并做到。为家庭制定规则。但首先，遵守规则。不要以为你是成年人了，你就可以为所欲为。不是的，如果你想要拥有一个完全健康的家庭，就必须以身作则。

尊重就是说到做到，有诺言就要兑现。如果你向孩子承诺将带他们去某个地方，请尽量遵守，因为如果我们不遵守诺言，不负责任，那就是不尊重。如果我们想要诚实、负责任和受人尊重的孩子，我们就必须认真弘扬这种价值观。

尽量不用伤人的言语冒犯别人，是尊重我们并让别人尊重我们的一种方式。说话时必须三思而后行。我的父亲一直是一个非常安静的人。有时候，最好不要说出我们所想的一切。说话之前最好先思考一下，避免出现不必要的问题。

诽谤、八卦和重复未经证实的信息是对社会、对可能被诽谤的人的不尊重，而我们也会成为了不断中伤他人的人。这样一来，我们不但不尊重他人，孩子也会听到我们的话；　然后便开始效仿。

尊重他们，以让你的伴侣、你的孩子和社会尊重你。

第八章

宽容

宽容无非就是尊重别人的想法，有耐心；与尊重齐头并进。《以弗所书》第六章第一至四节讲要孝顺父母才能长寿，父母不要惹儿女生气。

在上一章中，我们谈到了尊重家庭成员的个性。这意味着，即使他们是你的孩子，你也应该尽量不要激怒他们，让他们失去控制。他们是人，你必须容忍他们的存在方式，知道如何以良好的方式引导他们，强加自己，容忍他们每个人需以不同的速度学习。必须明白，每个孩子的个性都与其他孩子甚至我们的完全不同。因此，我们应该在家中实施宽容。

当婚姻中有宽容时，夫妻双方就不可能以分居或离婚告终。宽容是让家庭和谐的关键。仅嘴上说彼此相爱是不够的。我们必须放下自己的骄傲，开始宽容。

你必须幸福，但幸福不会自然而然地到来。一切都以这些价值观为基础——例如，你不必总是赢得争论。双方在一个问题上有不同的看法，就必须有人让步。如果双方都不让步，就会以激烈的争吵而告终，从而导致婚姻和家庭的破裂。

目前，单亲妈妈或单亲爸爸很多。当你分析是什么毁掉了他们的婚姻，根本原因就是缺乏宽容，不屈服，不知道何时停止。当这种情况发生时，受影响最大的是孩子，因为孩子必须生活在三个世界中，缺乏理解、悲伤、困惑等。

我们对邻居缺乏宽容是因为不知道如何在社区中生活，因为一切，包括邻里规则和建筑规则，都没有得到尊重，这可能是由于文化或种族差异不受支持造成的。

由于缺乏宽容，世界发生多起死亡案例，例如不想在停车场等空位、想排在队列第一位，或在超市里看别人的发型不顺眼。所有这些都是你内心的反映。你不宽容，因此你不受人尊敬的人。结果，你把这种情绪带回家，和你的伴侣吵架，孩子最终成为受害者。

愤怒的孩子会有暴力倾向、情绪化。孩子变得无法控制、被溺爱，这些都不是他们的错，而是因为缺乏宽容和耐心。宽容和耐心来自神的爱，所以他们应该向神祈求。我们经常谈到爱，爱就是包容、忍耐、宽容、支持。当我们爱某人或某物，我们必须抛开自己的身份，把自己奉献给别人，正如神在诫命中所讲："你要爱人如己。"

这条诫命适用于邻居、工作区、教堂、商店以及你就餐的餐厅员工。许多人不会原谅错误，例如，餐厅员工在服务时，不幸将客人的食物打翻在地，或干洗店弄丢了顾客的衣服等等，这些人会失控、冒犯、变得情绪化，并要求向主管投诉。他们不会停留片刻，分析一下，只要他们对这些情况稍微宽容，一切都有解决的办法。

在这种情况下，我们来谈谈与你坐在同一家餐厅的孩子。你认为他们见证了一个很好的例子吗？他们看到的是一个不宽容的父亲或母亲，只因事情不是他们所期望的那样。没有组建健康家庭的父母们正在养育一只社会小怪物，而这只小怪物就是其行为的精确复制品。

我听过一个故事，有个孩子在玩耍时刮伤了父亲的卡车，父亲暴力地将其打了一顿。当孩子被送往医院时，医生不得不截掉他的双手。据说后来，儿子告诉父亲，如果父亲已经修好了卡车，请把他的手还给他。父亲伤心欲绝，开枪自杀了。

所有这些故事都意味着一些不应该发生的不幸。只要纠正一下孩子的言语，根据他的年龄，给予一些惩罚，一切就都迎刃而解了。没有必要走极端。似乎这还不够，这个孩子遭受了两次创伤，第一是他被指控做了某事，也是他的双手被砍掉的原因。第二，他的父亲明白了自己的错误，并自杀了。

父母的错误，让孩子承受了不良的后果。在这里，这个故事将继续在那个孩子身上重演，可能是在他成年后。他们缺乏宽容，因为他们心里缺乏神的爱，他们缺乏祷告受到尊重，包容自己，不能像动物一样行事。

在我的五孩子中有四个孩子仍和我们一起住，年龄从十八岁到二十七岁不等。这表明我们没有激怒他们，他们也不没有因为我们而失去控制；而是因为我们知道如何抚养他们。我们一路走来学到了很多既不被接受，也不被容忍的事物。孩子年幼时，我们必须有很大的耐心和宽容。我们学会了在零岁到十二岁的年龄段中应严厉管教孩子，因为这个年龄段是最重要的，根据我们的经验，这个年龄段是孩子成长的编程阶段。

在这些事情上，母亲就是老师。母亲比任何其他人都更加容忍。母亲对孩子有一种天生敏感性，知道如何应对某些情况。

我们有一个最好的例子；与孩子相比，我们有更多的阅历。

我希望我的孩子在组建家庭时会使用相同的方法，以使其家庭的耐受性继续增加。不论贫富，不论社会地位高低，所有家庭都必须宽容，我们都要成为孩子的最佳榜样。

我相信这本书将惠及有需要的家庭、即将为人父母以及每一个认为自己是父母的人。我的愿望是给人们带来幸福，让他们看到希望，而这些只是他们需要调整的小细节。

培养孩子的十二年，从零岁到十二岁是一个重要的引导过程。为孩子的未来做足准备，这并不容易，每一天都很艰难，但神会赐予你解决所有问题的耐心和智慧。

长大后，孩子会宽容、照顾父母，而不知道如何用爱和价值观抚养孩子的父母，则最终会遭到子女的抛弃。作为成年人，他们必须将童年和青少年时期所学到的知识付诸实践，并在神的爱中承担起成年人的责任。无论他们受到怎样的对待，宽恕都来自神。如果他们谨守命令，事情就会进展得很顺利。

我可以自豪地说，虽然我没有机会见父亲和母亲的最后一面，但父亲去世两周前我确实有见到他。在父亲生病的最后几天里，父亲无法自理，都是由哥哥在细心照料。哥哥为父亲梳理头发，表现了一个儿子对父亲的良好态度。愿神保佑我的哥哥。

哥哥将父亲所做的善事回报给了他，这让我坚信播下善种的重要性，只有这样才能结出善果。孩子照顾年迈的父　母，回馈父母给予他们的爱，这就是福。2015年母亲离开了我们。在她最后的日子里，我的弟弟巴尔塔扎一直在照顾　她。

这是一次痛苦但又富有成效的经历，带着爱与赋予你生命的人一起度过人生的最后几分钟。虽然这是一条漫长的　路，但绝对值得。许多老人在疗养院，在没有人照顾他们的情况下孤独地死去，而我的父母则在爱的包围下离开了这个世界。

第九章

纪律

纪律只不过是一套不断遵守的规则或标准——在我的例子中，就是家庭。毫无疑问，家庭是社会的核心。家安则国强。

如果你想拥有一个健康的家庭，纪律是另一个需要考虑的价值观、要素或步骤。正如我之前讲到的孩子们互相扔食物甚至向成年人扔食物的例子，这清楚地表明了当今世界的生活，父母们说问题在于这一代人，这些孩子是无法控制的小怪物。在幻想电影中，最知名的保姆玛丽·波平斯让孩子们知道纪律至上，否则他们就要得到严格的惩罚。

现实中，我们并没有这样的保姆。如果你用钱聘请一个试图约束他们的人，那么你已经失败了。你损失的不只是金钱，还有孩子对你的尊重和你应有的权威。

我们前面已经讲过，父亲拥有权威的声音意味着什么， 父亲和母亲都必须服从，只有这样他们才能在生活的各个方面成为有纪律的人。

你希望这种事发生在你家里吗？我经常这样想。那么， 你应该开始仔细阅读本章，从其含义到你应该采取的行动。

正如我们所说，如果你不表现出来，你的孩子就很难模仿。如果他们在日常生活中见到你是一个没有纪律，是一个不负责任的人，那么他们就会照单全收，将来也会成为这样的一个人。

纪律是遵循指示的能力。如果父亲或母亲忽视交通规　则、在禁止停车的地方停车、不付钱就离开、不尊重老板、同事和其他人，那么纪律将永远不会在家里存有一席之地。

《希伯来书》第十二章说：我儿，你不可轻看主的管　教；被他责备的时候，也不可丧气，因为主所爱的人，主都管教。为了获得善果，必须教导孩子们祝福、和谐、戒律。

如果有人制作巧克力蛋糕并且缺少某种成分，那么味道或质地就不会很好。纪律也是如此。你必须添加正确的成　分，建立规则、规范和方法。结果，我们将得到最美味的蛋糕。

你必须擦亮眼睛，了解我们希望孩子接受什么样的管　教，以及实施管教的最佳方式。在应用它们时，我们必须小心，不要以加剧创伤的方式伤害儿童。有时我们会打孩子，　用不适当的物体击打孩子，更糟糕的是，我们没有清楚地解释原因。在惩罚之前，你必须向孩子解释并给予警告，因为如果孩子不知道自己做错了什么，惩罚就会成为虐待。

我父亲有一条规矩，不能打腰部以上，以免发生意外，　也不能打脸。所有的兄弟都是这样长大的。我们会因破坏家规而受到惩罚。我的父母没有受过学校教育，但他们仍知道如何建立一个健康的家庭；换句话说，不需要接受学校教育也可

以成为成功的父母。

因此，作为父母，你只需要具备常识，知道何时应做某些事。

儿童遭受父母极端虐待的案例不计其数，主要发生在拉丁美洲，并且在许多国家，此类行为不会承担任何法律后果。有些父母即使孩子只是在玩耍，他们也会虐待孩子，只因为玩耍发出的噪音让父母烦心。

你必须了解孩子的行为。这些行为是否是不断重复的行为，是否已经纠正多次。记住，并非所有的孩子都是一样的，他们的学习速度也不同。我们更不应该认为鞭打可以养育

一个健康的孩子。首先，你必须诉诸言语，然后是惩罚， 最后是寻找其他非虐待孩子的方法。

纪律只能被视为纠正错误行为的最终方式，不应滥用。虽然孩子做错了事情，但我们的唯一目标是将孩子培养成一个更成功的人，一个好男人或好女人，而不应成为毁掉孩子美好人生的怪物。为此，在权力范围内，切忌一时冲动。

吉姆·罗恩说："纪律重如盎司，悔恨重如吨。" 没有什么比这个现实更真实的了。如果你在适当的时间和年龄花时间去管教孩子，你永远都不会后悔。否则，你将遭受巨大的痛苦和严重的后果。

许多已婚夫妇需花费数千美元才能成功受孕。然而，在他们有了孩子时，他们会花更多的钱来抚养孩子。这是一个很大的矛盾。他们在孩子第一次出现违纪行为之前就宣称自己没有管教能力，他们不相信自己能够引导孩子走上正确的道路，他们会感到非常尴尬。如果花一些钱或投资一些钱来读这样的书，看纪录片，带孩子去散步，接受治疗，咨询有这方面经验的人，他们就不会感到沮丧，而且会非常亲近自己的孩子。

遵守纪律不意味着你是坏人还是好人。正如我所说，这是一种爱的行为，让孩子遵守规则，从而成为更好的人。因此，在纠正错误后，孩子应该知道并意识到自己做错了什 么。

双方必须促进这种沟通，以确定他们是否真正理解了惩罚的原因，以及他们是否能够找出自己错误的地方，以免重蹈覆辙。因此，你必须成为一名非常好的老师，在沟通时要有耐心和爱心。当孩子为此获得应有的惩罚后，父母也不应再追究，不再继续惩罚他们。

当孩子知道自己的错误后，就不要再追究。如果他们没有再把沙发弄脏、扔食物、打兄弟姐妹，或者重犯同样的错误，就表示他们已经成长。切忌鹦鹉学舌，日复一日、年复一年地重复同样的事情；否则，孩子就会明白，即使自己做得很好，父母也永远不会原谅他们，这是不应该发生的。

养育健康的孩子意味着爱与管教齐肩并行。软硬兼施也是教育孩子的良方。软，即给予他们爱；硬，即为他们指明正确的道路。

第十章

失败

如果你真想拥有一个健康的家庭，就必须接受跌倒再爬起来。这就是它的意义所在，每天都要面对挑战。若要成功，就必须面对错误。

孩子不会夹着一本说明书，以告诉你需要遵循的具体步骤。你必须每天根据每个人的技能、态度和个性制定自己的手册。好吧，我们是人类，所以当事情没有按预期发展时，你必须做好准备。

根据西班牙皇家学院的说法，失败被定义为原本预计会顺利发生的事情却出现了不利的结果。当我们说自己失败时，就是当我们已经达到了我们一直在做的事情的最低点时，我们已经用尽了所有可能的尝试。然而，情况并非一定如此。

失败并不一定是最终的失败；相反，这取决于你如何看待它。这可能是暂时的，你今天出了问题，但这并不意味着明天或下个月也会出问题。要理解这一点，我们必须保持开放的心态，分析情况。如果我们说自己失败了，那就意味着真正的失败了，或者说我们输掉了最后的战斗，就意味着我们输掉了整场战争。然而，如果你把它当作暂时的失败，你就会发现，这只是暂时的失败，仅此而已。你可以站起来，重张旗鼓。

托马斯·爱迪生经历了无数失败和挫折，最终发明了白炽灯泡。当问及此事时，他说自己从未失败，只是发现一万个不起作用的白炽灯聚光灯。

本章讲述了我想在本书结尾处给予你的一个特殊动机。如果你想拥有一个健康的家庭，但由于某种原因你没有实现这一目标，不要放弃，继续尝试。

只要你还活着，就不会失去一切。你或许需要尝试一千种方法，才能把弯曲的路改直。如同爱迪生的回答："我不认为这是最后的失败，也不认为这是一次失败。" 有时，当夫妻遇到问题时，他们会首先放弃婚姻。他们会说自己的婚姻失败，无法补救。

承认自己的缺点并没有错。承认并接受自己的错误，愿意接受治疗师、婚姻顾问等提供帮助是件好事。

在抚养孩子方面，最重要的是要认识到我们何时犯了 错，我们并非绝对正确，我们也可能会失败。一旦确定了错误所在，就更容易知道从哪里开始以及如何改变。

作为父母，我们很难辨认自己的行为，只能依靠观察孩子的行为。你要自问哪里做错了，如何才能让孩子走上正 路。不要把自己封闭起来，为我们所谓的失败而哀叹。

孩子是温度计。行为不端、抑郁、教育水平低的孩子在任何地方都不会获得成功。孩子反应了父母的家庭教育。如果你真心祈求神的指导，正确使用你的权威，孩子就会学到一切积极的做法。同时，失败可以帮助你深入思考你前进的道路，以及家庭的未来。记住，家庭是一个团队，必须以协作的方式经营。

如果我们其中一个孩子在某个时候告诉我们事情并不像我们所说的那样，我们必须足够谦虚地承认自己错了。这种情况在我们身上发生过好几次。

很多父母都会做一件事，那就是说一些不切实际的话。当孩子们质疑时，他们只说因为他们成年人，小孩子做不 到。然而，这是一个严重的错误。记住，孩子会模仿我们的个性、言语和行为。

家庭是一个团队。召开家庭会议，让每个成员都能发　言、表达自己和交流，这可以让你的孩子学会沟通、辩论、高度表达自己和分享。

我们家经常举行会议，如果事情进展顺利，我们就会借探讨我们是否犯了错误。这样的会议不应只在发现问题时举行，而应该经常举行。

举行会议的最佳地点和时间是一家人一起祈祷的时候。全家人一起讨论圣经经文，然后向每个人说出自己的意见。之后，也可以探讨当下的社会事件、某位家庭成员或整个家庭的近况、不顺利的事情，或一件轶事。

如果你问那些加入帮派，或锒铛入狱，或在街头流浪的年轻人，他们家里发生了什么事情，和父母的关系怎么样，　他们很可能会说没有沟通，他们没有发言权，或者根本没有人可以交谈。孩子模仿父母，模仿他们的榜样，而这些人都不在他们身边，于是他们便诉诸恶习以寻找自己的存在感。

许多父母把孩子带到这个世界上，如果他们离婚，他们与孩子也会分离。离异后，父母各自去寻找新伴侣，而孩子则因疏于管教，而开始参与非法活动，并渡过人生最重要的青春期。因此，你要知道，如果你想要一个健康的家庭，你必须提供一个健康，让每个人都可以称之为情感和身体避难所的地方，一个虽然存在问题，但仍可以健康成长的地方。就像曾经向父亲索要遗产，然后和朋友一起去享受世界的浪子一样，他回来了，尽管他已经脱离了家，但父亲仍张开双臂欢迎他的归来。

如果你想要拥有成功、快乐、和谐的生活，你的周围就必须有拥有这些因素的人——健康的家庭，以及能成功建立美好事物的夫妻。相反，如果你想宣告自己彻底失败，你就会遇到经常抱怨孩子、伴侣、政府和已经放弃的人，你也看不到未来对他们的恩赐。我们称之为"彻底的失败"。

如果你失败了，就站起来，不要趴在那里，再试一次。如果我们真正的有关注，你就必须找到引导我们走向成功的方法。我们的造物主会帮助我们。神会赐予我们胜利。神会帮助我们，如果我们犯了错误，我们会改正，我们会找到解决的方法。

无论我们能实现所想一切。即使失去生命，我们也不会放弃。我们需要站起来。不要自暴自弃，半途而废。你必须谦逊才能认识到我们所做的事情。你必须组建一支真正的团队，家庭才能正常运转。双方必须在没有权力斗争或自我意识的情况下达成一致。这很重要，这样才能避免家庭失败。

创造健康的家庭，不仅有利于父母，也有利于社会、国家、世界。正如我所说，有些国家已经废除了监狱，如果每次遇到问题，我们不会躺在床上哭泣，而是致力于寻找解决方案来帮助自己、父亲或母亲，那么你就能成为孩子和社会的好榜样。当你走在街上，没有人会认为你是一个失败的父亲或母亲，或者没有人会说你的孩子腐败、是小偷或行为不端时，这会让你感到非常欣慰。

有些孩子生活在愤怒之中，年幼时就被迫离家，因为他们无法承受父母每天上演的闹剧，例如在黎明时分被迫照顾刚回家的醉酒父亲，或是吸毒的母亲。或者被迫看着母亲被父亲惨打。这一切都非常不幸。

如果没有人做出主动改变，孩子就会成群结队，以尽快摆脱父母的束缚。到此，这个家是真正的失败家庭。这不是我想期望你得到的生活。你会读这本书，就说明你是真心想要改变，你想为你所爱的人打造更好的未来。

看看所有被摧毁的家庭，再看看你自己。寻求帮助永远不会太迟。本书的每一章对你的家人都至关重要。我向你保证，事情会变得更容易。生活会更加美好，压力也会更少。如果我们将这些章节付诸行动，问题就会减少，头痛就会减轻，我们真的希望这个世界上所有人都拥有一个健康的家 庭。

如果你已经有了家庭，那么你很可能会从失败走向成 功。除了看书之外，还可以将谚语作为补充教义。以下是你在这个世界建立健康家庭所需的必要武器。它们会教你，也会改变你。它们会让你重新考虑，让你感受到你对孩子的责任。我想你希望在这个世界拥有一个健康的家庭，而不是一个充满疾病、不听话的孩子，或者换句话说，一个千方百计想要被捕的孩子。

我们需要意识到，不要让自己被这一代人重复发生的事情所迷惑。我在本书中重点讲述的是父母、家庭以及价值观的缺失。这也是造成众多人失败和沮丧的原因。世上已充满太多的伤口和被摧毁的家庭。

　　我们要养育情感健康的孩子、照顾他们并承担责任。如果我们确实这样做了，我们就能非常平静地品尝成功的善　果。观察我们能够与神一起做的事情。没有祂，就无事可　做。

作者简介

　　马克斯·特兰于 1962 年 5 月 29　日星期二出生于墨西哥格雷罗州特拉尔查帕市查普尔特佩克。他的父母是　特莱斯福罗·特兰·埃尔南德斯和　安纳克莱塔·埃斯特拉达·内里。

　　马克斯排行老二。虽然家中贫穷，　但却很幸福。十四岁时，他来到美国。

　　1987年，他遇到了妻子娜塔莉亚·　奥利瓦雷斯·特兰，并于1989年1月28日结婚。自此，他担负起了建立健康家庭的任务。1992年，他高中或　预科毕业。

　　他的第一个女儿布兰卡·埃斯梅拉达·特兰出生于 1989 年 12月，随后尼希米亚斯·特兰出生于 1990 年 11 月，耶路撒冷·柯斯特·特兰出生于1993 年 5 月，杰尼西斯·塞莱斯特·特兰于 1995 年 12月出生，乔纳森·大卫·特兰于 1998 年 9 月出生。

　　2004年，担任电工的马克斯发生了一场事故，两吨重物把他推到　了一栋建筑物的墙上，险些丧命。医生告诉他，他将失去行走能力。但全能的神借着祂的恩典帮助了他，很快马克斯恢复了行走能力，并重返工作岗位，直到今天。

　　他全身心投入房地产事业。同时，自 2000 年以来，他也在德克萨斯州达拉斯市的一间小教会担任牧师。